GLORIA KIRINUS

QUANDO CHOVE A CÂNTAROS
CUANDO LLUEVE A CÂNTAROS

ILUSTRAÇÕES GRAÇA LIMA

Dados Internacionais de Catalogação na Publicação (CIP)
(Câmara Brasileira do Livro, SP, Brasil)

Kirinus, Gloria
  Quando chove a cântaros = Cuando llueve a cántaros / Gloria
Kirinus ; ilustrações Graça Lima. — São Paulo : Paulinas, 2005. —
(Coleção dobrando a língua)

  ISBN 85-356-1634-9

  1. Literatura infanto-juvenil I. Lima, Graça. II. Título. III. Título:
Cuando llueve a cántaros. IV. Série.

05-7589   CDD-028.5

Índices para catálogo sistemático:
  1. Literatura infantil   028.5
  2. Literatura infanto-juvenil   028.5

1ª edição – 2005

Direção-geral: *Flávia Reginatto*
Editora responsável: *Maria Alexandre de Oliveira*
Assistente de edição e copidesque: *Rosane Aparecida da Silva*
Coordenação de revisão: *Andréia Schweitzer*
Revisão: *Ana Cecilia Mari e Marina Mendonça*
Direção de arte: *Irma Cipriani*
Gerente de produção: *Felício Calegaro Neto*
Produção de arte: *Mariza de Souza Porto*

*Nenhuma parte desta obra pode ser reproduzida ou transmitida
por qualquer forma e/ou quaisquer meios (eletrônico ou mecânico,
incluindo fotocópia e gravação) ou arquivada em qualquer sistema ou
banco de dados sem permissão escrita da Editora. Direitos reservados.*

Paulinas
Rua Pedro de Toledo, 164
04039-000 – São Paulo – SP (Brasil)
Tel.: (11) 2125-3549 – Fax: (11) 2125-3548
http://www.paulinas.org.br – editora@paulinas.org.br
Telemarketing e SAC: 0800-7010081
© Pia Sociedade Filhas de São Paulo – São Paulo, 2005

Para meu neto Eduardo Henrique, pelos cântaros de alegria que faz chover.

É verdade que em Lima
não chove?
É verdade que lá
guarda-chuva somente
serve para brincar
de aterrissar?

¿Es verdad que en Lima
no llueve?
¿Es verdad que allá
los paraguas solamente
sirven para jugar
de aterrizar?

Quando chove a cântaros,
abrem-se as cortinas
do céu
e um olho d'água gigante
se derrama por inteiro.

O mundo se molha todo
no maior banho de graça.
Alguns lavam corpo
e alma,
outros fogem pelos cantos,
entre pulos
e pais-nossos.

Cuando llueve a cántaros
se abren las cortinas
del cielo
y un ojo de agua gigante
se derrama por entero.

El mundo todo se moja
con enorme baño gratis.
Unos lavan cuerpo
y alma,
otros huyen por los cantos,
entre saltos
y padre nuestros.

Quando chove a cântaros,
os morros da redondeza
se protegem como podem.
E de longe,
até parecem
cogumelos gigantes
com guarda-chuvas
enormes!

Cuando llueve a cántaros,
los cerros de la cercanía
se protegen como pueden.
¡Y de lejos,
hasta parecen
hongos gigantes
con paraguas
enormes!

Quando chove a cântaros,
todos dançam
de mil jeitos:
uns correm à procura
de baldes,
outros pegam copos
e também panelas,
para conter
o canto
das goteiras.

Cuando llueve a cántaros
todos bailan
de mil maneras:
unos corren tras
los baldes,
otros traen vasos
y también cacerolas,
para contener
el canto
de las goteras.

Quando chove a cântaros,
quem mora além
das nuvens
se prepara para ver
o espetáculo molhado
que acontece
na Terra.

Logo nasce uma platéia
inusitada...
– de astros, estrelas
e asteróides mil –
por trás das turbulências
e das nuvens
conturbadas.

Cuando llueve a cántaros,
quien vive más allá
de las nubes
se prepara para ver
el espectáculo mojado
que se presenta
en la Tierra.

Luego nace una platea
inusitada...
— de astros, estrellas
y asteroides mil —
tras las turbulencias
y las nubes
conturbadas.

Quando chove a cântaros,
São Pedro,
muito apressado,
arrasta sem jeito
as cadeiras
e anuncia com estrondo
cascatas de mil
trovões.

Então, as filhas
das Três-Marias
brincam de pega-pega
com serpentinas de prata.
— Que mil raios me partam!!! —
a Ursa Maior repreende.
— Que meninas mostradeiras!
Ocupem já seus lugares...
O espetáculo da Terra
não demora a começar!

Cuando llueve a cántaros,
San Pedro
muy apurado
arrastra sin maneras
las sillas
y anuncia con estruendo
cascadas de mil
truenos.

Entonces, las hijas
de las Tres Marías
juegan a la pega-pega
con serpentinas de plata.
—¡¡¡Que mil rayos me partan!!!—
la Osa Mayor reprende.
—¡Que niñas tan detallosas!
Ocupen ya sus lugares...
¡El espectáculo de la Tierra
no demora en comenzar!

Quando chove a cântaros,
outra platéia de astros
se acomoda
nos balcões
em forma de meia-lua.

A Estrela-d'alva anota,
com asteriscos de prata,
a lista de convidados
que reservaram lugar.
— Água-de-cheiro no ar... —
as Ursas Menores comentam.
É Saturno que vaidoso,
de repente, se apresenta
como sempre
exagerando
nas pulseiras e anéis.

16

Cuando llueve a cántaros
otra platea de astros
se acomoda
en los balcones
en forma de media luna.

La Estrella Alba anota
con asteriscos de plata
la lista de invitados
que reservaron lugar.
— Agua de olor en el aire... —
las Osas Menores comentan.
Es Saturno que vanidoso
de repente se presenta
como siempre
exagerando
en anillos y pulseras.

Quando chove a cântaros,
a Via Láctea inteira
derrama seus olhos
compridos
em forma de telescópios,
lunetas e outros
binóculos
sobre a Terra.

Tudo pronto para ver
as cenas mais
descabidas,
com atores que inauguram
inusitados papéis.

18

Cuando llueve a cántaros
la Vía Láctea entera
derrama sus ojos
fijos
en forma de telescopios,
lunetas y demás
binóculos
sobre la Tierra.

Todo listo para ver
las escenas más
imposibles
con actores que inauguran
papeles inusitados.

— Olha as ruas
que se desdobram
em rios de choro e riso... —
comentam as mães
dos astros aposentados,
que se derramam
em lágrimas
desde a varanda
do céu.

— E os carros boiando
como barcos de papel... —
exclamam os asteróides
locais.

—Mira las calles
que se desdoblan
en ríos de llanto y risa...—
comentan las madres
de los astros jubilados,
que se derraman
en lágrimas
desde la baranda
del cielo.

—Y los carros flotando
como barcos de papel...—
exclaman los asteroides
locales.

Quando chove a cântaros,
muito a contragosto,
quem menos quer
muda logo de ofício,
e também de função...
O bombeiro planta
bananeira na calçada.
O padeiro rema
contra a corrente
e o funcionário público
navega numa canoa
virada.

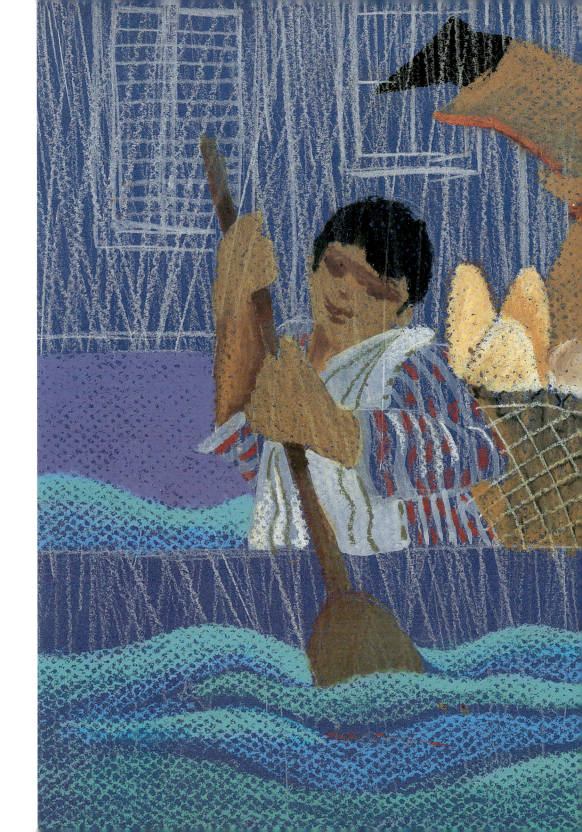

Cuando llueve a cántaros,
muy a disgusto,
quien menos quiere
cambia luego de oficio,
y también de función...
El bombero planta
plátanos en la pista.
El panadero rema
contra la corriente
y el funcionario público
navega en una canoa
volteada.

As ruas viram rios,
e os rios carregam
raios
de bicicleta
sem rumo e sem destino.

As rodas
fazem o papel
de bóias
e os fios de telefone
se enroscam nelas,
com jeito de jibóias...

Las calles se vuelven ríos,
y los ríos cargan
rayos
de bicicleta
sin rumbo y sin destino.

Las ruedas
hacen el papel
de flotadoras
y los hilos del teléfono
se les enroscan
como si fueran boas...

Quando chove a cântaros,
todas as lavadeiras
do mundo
lavam seus lençóis
com água direto
do céu.
E, na última água
da chuva,
despejam aromas
de esperança
e amaciantes
do tempo.

Cuando llueve a cántaros,
todas las lavanderas
del mundo
lavan sus sábanas
con agua directa
del cielo.
Y, en el agua final
de la lluvia,
aprovechan para derramar
aromas de esperanza
y suavizadores
del tiempo.

Quando chove a cântaros,
as verdades
mais escondidas
brotam de repente
na superfície da pele.
E transborda
uma vontade
de vida
da fonte
mais secreta
da terra.

Cuando llueve a cántaros,
las verdades
más escondidas
brotan de repente
en la superficie de la piel.
Y transbordan
unas ganas
de vida
de la fuente
más secreta
de la tierra.

Quando chove a cântaros,
nasce no olhar
de um poeta
a vontade de mudar
tanta chuva
em tanta tinta
para poder rabiscar
mil versos
de mentirinha,
e outros tantos
de verdade,
que logo secarão...

Naquele varal que termina
na ponta de uma estrela!

Cuando llueve a cántaros,
nace en la mirada
de un poeta
deseos de mudar
tanta lluvia
en tanta tinta
para poder garabatear,
mil versos
de mentirita,
y otros tantos
de verdad,
que luego secarán...

¡En aquel cordel que termina
en la punta de una estrella!